AF538150

# 24 DENKANSTÖSSE, *die dein* LEBEN VERÄNDERN *werden*

Der Adventskalender zum Nr. 1-Bestseller *101 Essays, die dein Leben verändern werden*

BRIANNA WIEST

riva

# 24 TÜRCHEN, 24 IMPULSE

Dieser Adventskalender versammelt Essays, Fragen und Aufgaben, die dich überraschen werden. Sie werden dich das eine oder andere Mal vor eine Herausforderung stellen. Sie werden dir die Augen öffnen. Und sie werden die Art, wie du denkst, revolutionieren.

All diesen Texten liegt die Überzeugung zugrunde, dass es für uns Menschen essenziell ist, zu lernen, wie man denkt. Basierend darauf lernen wir, zu lieben, zu teilen, zusammenzuleben, zu tolerieren, zu geben, zu erschaffen und so weiter. Unsere oberste und wichtigste Pflicht besteht darin, das Potenzial, mit dem wir geboren wurden, zu verwirklichen – uns selbst, aber auch der Welt zuliebe.

Öffne jeden Tag ein Türchen, indem du die Seiten mit einer Schere auftrennst. Dahinter verbergen sich Ideen, die nicht nur deine Vorweihnachtszeit, sondern dein ganzes Leben verändern werden. Denn Ideen haben die Kraft, Leben zu verändern.

1

# WIE WIR UNS SELBST DARAN HINDERN, WIRKLICH GLÜCKLICH ZU SEIN

Wir Menschen sind darauf programmiert, um fast jeden Preis unserem größten Wunsch nachzujagen. Die Frage ist bloß, welcher Wunsch der größte ist. Oft genug ist es Behaglichkeit. Oder Vertrautheit. Es gibt viele Gründe dafür, warum wir Glücksgefühle verhindern, doch häufig hat es mit der Annahme zu tun, Glücklichsein bedeute, nicht länger nach mehr zu streben. Niemand von uns möchte glauben, Glück sei eine Wahl, denn das würde heißen, dass wir dafür verantwortlich sind. Aus ebendiesem Grund bemitleiden Menschen sich auch selbst: um Handeln hinauszuzögern, um einen Hilfeschrei ins Universum zu schicken, als ließe sich durch lautes Verkünden, wie schlecht die Dinge stehen, die Wahrscheinlichkeit erhöhen, dass jemand anderes sie ändert. Glück ist keine Welle von positiven Emotionen, hervorgerufen durch beliebige Ereignisse, die unsere Ansicht bestätigen, wie etwas sein sollte. Auf jeden Fall nicht nachhaltiges Glück. Echtes Glück ist das Produkt einer bewussten, achtsamen täglichen Praxis und beginnt mit dem Entschluss, sich ihm zu verschreiben.

*»Die meisten Menschen wollen nicht glücklich sein; deswegen sind sie es auch nicht. Sie erkennen nur nicht, dass es so ist.«*

## ÜBERLEGE:

Bist du glücklich? Wenn du die Frage mit »Ja« beantworten würdest – was macht dich glücklich? Wenn nicht – hast du eine Idee, was dich davon abhält?

# 2

# DIE LÜCKE ZWISCHEN WISSEN UND HANDELN: WARUM WIR ES VERMEIDEN, DAS ZU TUN, WAS AM BESTEN FÜR UNS IST, UND WIE WIR UNSEREN WIDERSTAND ENDGÜLTIG ÜBERWINDEN KÖNNEN

Die alten Griechen nannten es Akrasia, die Zen-Buddhisten nennen es Widerstand, du und ich nennen es aufschieben. Jeffrey Pfeffer und Robert Sutton sprechen von der »Lücke zwischen Wissen und Handeln«, davon, dass wir trotz des Wissens, was für uns am besten wäre, etwas anderes tun.* Der gesunde Menschenverstand sagt uns, dass wir ein besseres Leben hätten, wenn wir uns besser ernähren, früher aufstehen, positiv denken, ehrlich sein und authentischere Verbindungen eingehen würden. Doch die eigentliche Frage ist nicht die, was gut für uns ist. Es geht vielmehr darum, zu verstehen, warum wir uns anders entscheiden. Die Natur des Widerstands zu verstehen, ist unsere einzige Möglichkeit, ihn zu überwinden. Es gibt viele Gründe dafür, dass wir uns selbst sabotieren, und die meisten davon haben mit Bequemlichkeit zu tun. Die moderne Gesellschaft ist darauf ausgerichtet, uns weiszumachen, dass ein »gutes Leben« ein möglichst komfortables sein oder uns ein Gefühl von Schmerzfreiheit und Sicherheit versprechen müsse. Dies hängt unmittelbar mit der Tatsache zusammen, dass wir Menschen darauf programmiert sind, nach Behaglichkeit zu streben. Da ist es nur logisch, dass wir uns das auch für unser aktuelles Leben wünschen, in dem Emotionen und Intellekt

* Pfeffer, Jeffrey; Sutton, Robert I. *The Knowing-Doing Gap: How Smart Companies Turn Knowledge Into Action*, Boston, MA, 2000.

stärker im Vordergrund stehen. Den Widerstand überwinden, heißt, unsere Vorstellung von Bequemlichkeit zu verändern. Es heißt, eine Alternative in Betracht zu ziehen. Es erfordert, unsere Denkweise zu ändern und uns auf das Unbehagen zu konzentrieren, das uns erwartet, wenn wir etwas nicht tun, statt auf das Unbehagen, das sich einstellt, wenn wir es tun. Wenn du nichts gegen die Lücke zwischen Wissen und Handeln unternimmst, wirst du irgendwann ein Schatten der Person sein, die du sein wolltest. Es wird dich von der Produktivität abhalten, die nötig ist, um die Ziele zu erreichen, auf die es sich hinzuarbeiten lohnt. Es wird zur Folge haben, dass du in einem manischen Zustand der Unentschlossenheit verharrst (Soll ich oder soll ich nicht? Von welchem Gefühl lasse ich mich leiten?). Du musst die Verantwortung für dich selbst übernehmen, und das kannst du tun, indem du das große Ganze betrachtest. Die Alternative: die Art, wie dein Leben aussehen wird, wenn du die Sache nicht anpackst. Woran wirst du dieses Jahr messen? Was wirst du getan haben? Wie viele Stunden wirst du vergeudet haben? Was wirst du erreicht haben? Wie glücklich wärst du? Welche Beziehungen wirst du in diesem Jahr gepflegt haben? Was ist mit den Stunden, in denen du ein Instrument hättest spielen oder schreiben oder malen können? Wo werden sie geblieben sein? Du wirst für die Dinge, die wirklich zählen, nie bereit sein, und indem du darauf wartest, bereit zu sein, bevor du zu handeln beginnst, vergrößerst du die Lücke zwischen Wissen und Handeln. Es ist unangenehm, zu arbeiten, seine Toleranzfähigkeit zu erweitern oder durch jemanden verletzt werden zu können, der einem am Herzen liegt, doch es ist nie unangenehmer, als sein gesamtes Leben ohne das zu verbringen, was man sich wirklich wünscht.

3

# 10 DINGE, ÜBER DIE ES SICH MEHR NACHZUDENKEN LOHNT ALS ÜBER DAS, WAS DICH ZERMÜRBT

1. Die Dinge in der Vergangenheit, über die du nie hinwegzukommen glaubtest, und wie unwichtig sie dir heute erscheinen.
2. Die Tatsache, dass du nicht außergewöhnlich schön, talentiert oder erfolgreich sein musst, um die Dinge zu erleben, die dem Leben Tiefe verleihen: Liebe, Wissen, Verbundenheit, Gemeinschaft und so weiter.
3. Was du in deinem Leben bereits erreicht hast.
4. Deine Sterblichkeit.
5. Was dich zu diesem Zeitpunkt, gemessen an deinem Handeln und deinen Interaktionen, tatsächlich ausmacht und ob es das ist, was du wirklich willst.
6. Eine bevorstehende Reise, egal, ob sie gebucht ist oder nicht.
7. Die besten Nächte deines Lebens. Nicht nur, was du getan hast und mit wem du zusammen warst, sondern auch, was du gedacht hast und worauf du fokussiert warst.
8. Was du mit deinen Minuten im Gegensatz zu deinen Stunden oder Tagen anfangen kannst.
9. Die wichtigsten Dinge, die du bislang über das Leben gelernt hast.
10. Was du in eine Kiste packen würdest, wenn du ans andere Ende des Landes ziehen müsstest und nicht mehr mitnehmen könntest.

Beginne doch direkt damit, indem du alles aufschreibst, was du in die Kiste von Punkt 10 packen würdest.

4

# LIES DAS, WENN DU NICHT WEISST, WAS DU AUS DEINEM LEBEN MACHEN SOLLST

Fragt man einen jungen Erwachsenen nach dem größten Stressfaktor in seinem Leben, wird er wahrscheinlich etwas nennen, was mit Unsicherheit zu tun hat. In einem Satz zusammengefasst, würde das wohl in etwa folgendermaßen lauten: »Ich weiß nicht, was ich aus meinem Leben machen soll.« Wie oft hast du jemanden das sagen hören? (Wie oft hast du es selbst gesagt?) Wahrscheinlich sehr oft. Der Gedanke, dass wir es wissen sollten, ist völliger Schwachsinn, etwas, was uns seit dem Kindergarten eingebläut wird und uns ausbremst. Niemand – nicht einer von uns – weiß, was er »aus seinem Leben machen soll«. Wir können das große Ganze nicht zusammenfassen, noch nicht. Wir wissen nicht, was wir in fünf Jahren machen werden, und so zu tun, als könnten wir das absehen, ist weder verantwortungsvoll noch ambitioniert. Es hält uns vielmehr davon ab, uns von den Narrativen zu lösen, die wir einmal für richtig hielten, und gemäß unseren inneren Navigationssystemen zu leben. Du schuldest deinem jüngeren Selbst nichts. Du bist nicht verantwortlich dafür, die Person geworden zu sein, von der du einmal glaubtest, dass du sie sein würdest. Aber heute, da du erwachsen bist, schuldest du deinem Selbst etwas. Weißt du, warum du das, was du dir einst zu wünschen glaubtest, nicht hast? Weißt du, warum du nicht die Person bist, die zu werden du dir einmal vorgestellt hast? Weil du all dies nicht mehr willst. Nicht mehr unbedingt willst. Würdest du es wollen, dann hättest du es und wärst auch diese Person. Wenn du dich fragst, was du »mit deinem Leben anstellen solltest«, befindest du dich wahrscheinlich in einem Schwebezustand zwischen der Erkenntnis, dass du das, was du einmal wolltest, nicht mehr willst, und dem Erteilen der Erlaubnis, das zu wollen, was du jetzt willst. Zu denken, du wüsstest, was du »aus deinem Leben machen sollst«, unterdrückt deinen Hunger. Es beruhigt deinen Geist, weil es die Illusion nährt, dein Weg sei vorgezeichnet und du müsstest keine Entscheidungen mehr treffen. Mit anderen Worten: du seiest nicht länger dafür verantwortlich, die Person zu werden, die du werden willst und musst. Hunger ist wichtig. Vollkommene Erfüllung ist der schnellste Weg zur Selbstzufriedenheit. Sie hindert uns daran, uns zu entfalten. Stattdessen stagnieren wir. Vergiss also, dass du wissen solltest, was du »aus deinem Leben machen wirst«. Was tust du heute? Wen liebst du? Was fasziniert dich? Was würdest du heute tun, wenn du sein könntest, wer auch immer du wolltest? Was willst du an diesem Wochenende tun? »Was will ich?« ist eine Frage, die du dir jeden Tag stellen solltest. Die Dinge, die rundlaufen, werden sich durch dein Leben ziehen; jene, die immer und immer wieder auftauchen, werden die sein, denen du folgst. Orte, an denen du bleibst, Menschen, zu denen du dich hingezogen fühlst, Entscheidungen, die du treffen wirst. Die Kernwahrheiten werden sich durchsetzen, selbst wenn es daneben noch andere Wahrheiten gibt. Ersteren zuzuhören, heißt, zu fragen: Was will ich jetzt?

5

# 5 WISSENSWERTE DINGE ÜBER UNSERE GEFÜHLE

1. Gefühle überdauern die Erinnerungen, von denen sie hervorgerufen wurden. Wir nehmen vergangene Gefühle und projizieren sie auf Situationen in unserem gegenwärtigen Leben. Mit anderen Worten: Wenn wir Vergangenes nicht verarbeiten, wird es uns immer kontrollieren. Darüber hinaus lassen sich unsere irrationalen Ängste und größten Alltagssorgen auf ein Problem zurückführen, das in Angriff genommen werden muss, um unsere Angst wirkungsvoll bekämpfen zu können.
2. Kreative Menschen sind nicht grundlos depressiv.* Der Ausdruck und das Erleben negativer Gefühle ist verbunden mit einer Aktivierung des rechten frontalen Cortex (und anderer Strukturen wie der Amygdala), mit anderen Worten: mit eben den Bereichen, die aktiviert werden, wenn man unentwegt kreativ ist und der konkreten Realität seiner gegenwärtigen Erfahrung eine abstrakte Bedeutung verleiht.
3. Angst ist nicht gleichbedeutend mit dem Wunsch, zu fliehen. Sie zeigt dein Interesse. Das am stärksten mit Angst verbundene Gefühl ist Interesse, ob du es glaubst oder nicht. Es heißt sogar, dass Angst zwei Seiten hat: Fliehen und Erforschen. Das bedeutet, dass wir etwas im Allgemeinen nicht als »beängstigend« empfinden, wenn wir es nicht auch verstehen möchten, wenn wir wissen, dass wir ein Teil davon sind, und das Gefühl haben, dass es zu unserem Erfahrungsschatz gehören wird.

* Adams, William Lee. *The dark side of creativity: Depression + anxiety x madness = genius?*, CNN 2014.

4. Gefühle können »die Zukunft vorhersagen«, oder anders gesagt: Bauchgefühle sind real. Eine Studie der Columbia University* zum Thema »Emotional Oracle Effect« zeigt, dass Menschen, die ihren Gefühlen trauen, zukünftige Entwicklungen voraussagen können. Da sie regelmäßig auf ihr Bauchgefühl hören, haben sie Zugang zu ihrem Unbewussten, das mehr oder weniger eine unbewusste Informationsquelle ist.

5. Wir können sozialen Schmerz stärker neu erleben als körperlichen Schmerz. Deswegen halten einige Forscher ihn in gewissem Sinne für schädlicher. Wenn bei körperlichem Schmerz keine psychischen Faktoren im Spiel sind oder es vielmehr keinen angeborenen Instinkt gibt, der uns sagt, dass wir etwas verarbeiten oder uns anpassen müssen, um zu überleben, lassen wir die Erinnerung los. Unser Gehirn wird dagegen Zurückweisung oder andere soziale Gefühle oder Demütigungen höher gewichten, weil wir, wenn wir überleben wollen, Mitglieder des »Stamms« bleiben müssen.

* Lee, Leonard; Stephen, Andrew; Pham, Michel. *The Emotional Oracle Effect*, in: *Journal of Consumer Research* 2012, https://www8.gsb.columbia.edu/newsroom/newsn/1957/the-emotional-oracle-effect.

6

# DIE KLEINEN DINGE, DIE EINEN UNMERKLICHEN EINFLUSS DARAUF HABEN, WIE DU ÜBER DEINEN KÖRPER DENKST

1. Wie deine Eltern über ihren Körper gedacht und was sie über ihn – und andere Körper – gesagt haben, selbst als du noch klein warst oder deine Eltern glaubten, du würdest nicht zuhören. Mein Lieblingsspruch lautet: »Die Art, wie wir mit unseren Kindern sprechen, wird zu ihrer inneren Stimme.«
2. Wie du andere Menschen beurteilst. Was dir als Erstes in den Sinn kommt, wenn du jemanden beleidigst, sagt – vor allem, wenn es um etwas Körperliches geht – sehr viel mehr über dich selbst aus als über die betreffende Person.
3. Welche Medien du nutzt. Die Bücher und Zeitschriften, die du liest, die Websites, die du besuchst, und die Fernsehshows, die du dir ansiehst, erzeugen zusammen deine Vorstellungen davon, was »normal« und was »ideal« ist. Und diese Vorstellungen stammen normalerweise von den Personen und Figuren, mit denen du dich am meisten identifizierst.
4. Unerwiderte Liebe. Schnell schieben wir es auf etwas Körperliches, wenn jemand nicht an uns interessiert ist. Doch mit jemandem, der dich nur liebt, wenn du zehn Kilo weniger hast, willst du ohnehin nicht zusammen sein.
5. Nichts Wichtigeres zu haben, worauf du deinen Selbstwert gründen kannst. Wenn du glaubst, der Welt nichts Wichtigeres bieten zu können, wirst du dich unweigerlich auf das fokussieren, was am leichtesten zu sehen und zu beurteilen ist.

Werde dir bewusst, wie nützlich dein Körper eigentlich ist – auch mit ein paar Kilo »zu viel« oder der Cellulite am Po. Schreibe alles auf, was dein Körper dir heute schon ermöglicht hat.

7

# 10 ARTEN, DEIN LEBEN NICHT VON IRRATIONALEN GEDANKEN RUINIEREN ZU LASSEN

1. Lerne, das, was tatsächlich geschieht, von dem zu unterscheiden, worüber du derzeit nachdenkst.
2. Erkenne, dass Gedanken Illusionen sind, aber sehr wirkmächtige. Mache eine Bestandsaufnahme all deiner Gedanken und Sorgen in Bezug auf das, was sich letztlich als nicht real erwiesen hat. Denke an die viele Zeit, die du damit vergeudet hast, dich auf etwas vorzubereiten, was nie eingetroffen ist, und auf Probleme, die nur in deinem Kopf existierten.
3. Überwinde das eindimensionale Denken. Menschen, die sich viele Sorgen machen, haben meistens sehr starre Ansichten zu dem, was ist und was nicht ist. Sie sehen nicht die Komplexität, die Möglichkeit, die Größe des Eisbergs unter Wasser – die Realität, die sie nicht kennen und nicht sehen können.
4. Höre auf, kopfgesteuert zu sein. Tue Dinge mit den Händen. Koche, putze, gehe nach draußen. Ändere dein Ziel. Das Ziel besteht nicht darin, sich permanent »gut« zu fühlen, sondern darin, eine gesunde Bandbreite an Emotionen zum Ausdruck bringen zu können, ohne Gefühle zu unterdrücken oder zu leiden.
5. Stelle dir folgende Fragen, wenn ein Gedanke dich aus der Fassung bringt. »Ist das wahr? Kann ich mir absolut sicher sein, dass es wahr ist?« In den meisten Fällen wird die Antwort auf beide Fragen »Nein« lauten.

6. Vertraue dir nicht immer. Gestatte es dir, dich zu irren. Öffne dich für den Gedanken, dass du nicht weißt, was du nicht weißt. Haben irrationale Gedanken deine Gefühle hervorgerufen, können sie durchaus falsch sein.
7. Höre auf, so zu tun, als wüsstest du, was andere Menschen denken.
8. Sprich mit anderen Menschen und bitte sie, dir von den albernen Dingen zu erzählen, um die sie sich unbegründete Sorgen machen. Du befindest dich in guter Gesellschaft.
9. Verbringe Zeit allein, vor allem, wenn dir nicht danach ist. Du bist dein erster und letzter Freund – du bist es, der bis zum Ende bei dir ist. Wie kannst du erwarten, dass jemand anderes bei dir sein möchte, wenn nicht einmal du selbst es willst?
10. Nimm dir Zeit, jemand anderem zu helfen. Arbeite ehrenamtlich in einem Obdachlosenheim, spende deine Habe, arbeite mit Kindern nach der Schule. Sorge dafür, dass sich dein Leben um mehr dreht als nur um deine eigenen Wünsche.

*»Feuer kann dein Haus niederbrennen oder dir jeden Abend dein Essen kochen und dich im Winter warm halten. Mit deinem Geist ist es genauso.«*

8

# MANTRAS, DIE DICH DARAN ERINNERN WERDEN, DASS DEIN LEBEN IM HIER UND JETZT STATTFINDET

Das Jetzt ist alles, was wir haben, doch ihm wird oft die geringste Priorität eingeräumt. Wir wissen, dass es wichtig ist, im Hier und Jetzt zu sein, was jedoch leichter gesagt als getan ist. In einer Welt, die uns ständig mehr Aufmerksamkeit abverlangt, dürfen wir nicht vergessen, uns dem zu widmen, was am meisten zählt: dem Augenblick. Alles, was du dir je erträumt, dir je gewünscht und du je gewollt hast, alles, wofür du gearbeitet hast und worauf du wartest, entspringt diesem Moment. Was du jetzt tust, ist nicht einfach nur etwas, es ist alles. Hier sind 5 kleine Mantras, die du dir vorsagen kannst, wenn du dich neu erden und erinnern musst. Das Leben vollzieht sich in einer immerwährenden Reihe von Augenblicken, und alle anderen Vorstellungen sind nichts weiter als Illusionen, die dich vom Leben abhalten.

1. Außergewöhnlich zu sein, hängt einzig und allein davon ab, was ich mit dem Gewöhnlichen tue.
2. Wenn ich das Leben hätte, das ich mir gewünscht habe, wie würde das Heute dann aussehen?
3. Mein Leben besteht aus meinen Tagen – was fange ich mit diesem Tag an?
4. Nicht ausgeschöpftes Potenzial endet in Schmerz.
5. Sei da, wo deine Füße sind.

## ÜBERLEGE:

Fallen dir weitere Mantras ein, die dich stärken könnten oder nach denen du vielleicht sogar bereits lebst? Schreibe sie hier nieder.

9

# WAS DIR VERRÄT, DASS DU DICH STÄRKER ENTWICKELT HAST, ALS DU ES DIR EINGESTEHST

Du hast wahrscheinlich schon einmal jemanden sagen hören, wie sehr du dich verändert hast, was dir selbst jedoch kaum aufgefallen ist, weil du Tag für Tag mit dir zusammen bist. Das ist normal, aber es liegt auch daran, dass du dich auf das fokussierst, was noch zu tun bleibt, statt auf das, was du bereits erreicht hast – weswegen es oft schwierig ist, sich selbst die Anerkennung zu zollen, die man verdient. Hier ein paar kleine Anzeichen dafür, dass du dich stärker entwickelt hast, als dir klar ist.

1. Du hast etwas in deinem Leben, das du früher für unmöglich oder zumindest für einen wahr gewordenen Traum gehalten hättest. Gelassenheit, einen Hochschulabschluss, einen Partner, einen Traumjob ...
2. Du achtest kritischer darauf, mit wem du deine Zeit verbringst. Du schätzt deine engsten Freunde mehr als die Vorstellung von einer »Gruppe«.
3. Du gibst anderen nicht länger die Schuld an deinen Problemen. Und du entscheidest dich auch nicht, zu leiden, denn du gehst nicht davon aus, dass das Universum die Dinge für dich in Ordnung bringen muss, wenn du laut genug klagst.
4. Du hältst öfter inne und genießt das Leben, statt von Ziel zu Ziel zu sprinten.
5. Du bist äußerst skeptisch gegenüber allem, was dir mit den Worten »Das ist nun mal so« verkauft wird. Du bist immer offen für die Vorstellung, dass es eine andere, bessere, angenehmere, aufgeklärtere Art zu leben geben könnte, und immer bereit, danach zu streben.

Bestimmt hast du dich allein innerhalb des vergangenen Jahres weiterentwickelt, ohne es zu merken. Daher überlege einmal: Was hast du in den letzten zwölf Monaten alles erreicht? Inwiefern hast du dich verändert? Worauf bist du besonders stolz?

10

# STREITEST DU INTELLIGENT? DIE SIEBEN HAUPTARTEN DES ARGUMENTIERENS

Auf der elementarsten Ebene ist Streitlust ein Reflex, keine Entscheidung. Wenn wir uns in irgendeiner Weise bedroht fühlen, reagieren wir, indem wir entweder fliehen, erstarren oder kämpfen. Schließlich erkennen die meisten von uns, dass das unbewusste Reagieren auf zufällige äußere Reize im besten Fall ermüdend und im schlechtesten Fall destruktiv ist. Wir beginnen, unsere Reaktionen zu zensieren – und bereiten damit den Boden für die Selbstwahrnehmung. Das heißt jedoch nicht, dass Streiten keinem wichtigen Zweck dient. Zwar ist es oft die Folge davon, dass wir unser Identitätsgefühl bedroht sehen, aber es ist auch unsere Art, mitzuteilen, dass uns etwas Wichtiges sehr am Herzen liegt. Jemand, der es versteht, intelligent zu streiten, kann sein soziales Umfeld dominieren. In einem ersten Schritt sollte man dazu jedoch nicht so klingen, als wäre man streitlustig. Hier folgt nun die von Paul Graham geschaffene Hierarchie der Meinungsverschiedenheiten. Um es offen zu sagen: Menschen versuchen auf viele idiotische Arten, sich auseinanderzusetzen, und die meisten davon funktionieren nicht. Sie bewirken nur, dass beide Parteien noch frustrierter sind, letztlich weil sie es vermeiden, das eigentliche Problem in vollem Umfang anzusprechen.

## BESCHIMPFUNG

Du lenkst vom eigentlichen Problem ab, indem du kundtust, dass jemand ein »Arschloch« oder ein »Idiot« ist, ohne irgendein Argument vorzubringen, das diese Aussage stützt.

## AD HOMINEM

Du greifst den Charakter oder die Autorität der Person an, ohne den Inhalt des Arguments zu thematisieren. (Wenn jemand, der raucht, sagt: »Rauchen ist schlecht«, dann erwiderst du: »Das sagt gerade der Richtige«, statt die Aussage als objektive Wahrheit zu betrachten.)

## KRITIK DES TONS

Du kritisierst den Ton oder die Ausdrucksweise der Person, ohne das eigentliche Argument zu thematisieren.

## WIDERSPRUCH

Du behauptest das Gegenteil mit wenigen oder keinen unterstützenden Belegen. Du argumentierst um des Argumentierens willen und willst aus irgendeinem Grund das Gesagte nicht anerkennen oder ihm nicht zustimmen.

## GEGENARGUMENT

Du widersprichst der Aussage und stützt das dann mit Argumenten und/oder Belegen.

## WIDERLEGUNG

Du findest den Fehler in der Argumentation und erklärst ihn mithilfe von Rückschlüssen oder von Zitaten aus der ursprünglichen Aussage des Betreffenden.

## WIDERLEGUNG DES ZENTRALEN PUNKTS

Du widerlegst explizit den zentralen Punkt der Argumentation und belegst deine Behauptung mithilfe von Logik und Vernunft (wenn nicht gar mithilfe von Forschung oder persönlicher Erfahrung).

11

# WARUM DU DEN MENSCHEN, DIE DICH IM LEBEN AM MEISTEN VERLETZT HABEN, DANKEN SOLLTEST

1. Die Menschen, die dich am meisten verletzen konnten, waren gleichzeitig diejenigen, die du am meisten zu lieben vermochtest. Menschen, die wir nicht bereits tief in unser Herz geschlossen haben, können uns nicht so stark berühren. Denn jemand, der so viel Bedeutung in unserem Leben einnimmt, ist uns heilig, selbst wenn die Beziehung in die Brüche geht.

2. Schwierige Beziehungen treiben einen oft dazu an, sein Verhalten positiv zu verändern. Wenn du dich hilflos fühlst, lernst du, dich um dich selbst zu kümmern. Wenn du dich benutzt fühlst, erkennst du deinen Wert. Wenn du beleidigt wirst, entwickelst du Mitgefühl. Wenn du das Gefühl hast, festzustecken, erkennst du, dass es immer eine Wahl gibt. Wenn du akzeptierst, was dir angetan wurde, dann wird dir klar, dass letztlich niemand die Kontrolle hat, wir jedoch Frieden finden können, wenn wir das Bedürfnis nach etwas aufgeben, was wir nie haben werden.

3. Wirklich Frieden mit etwas zu machen, heißt, sagen zu können: »Danke für diese Erfahrung.« Um etwas wirklich hinter sich lassen zu können, musst du fähig sein, zu erkennen, welchem Zweck es gedient und wie es dich vorangebracht hat. Bis dahin wirst du dir nur den Kopf darüber zermartern, dass dadurch alles noch schlimmer geworden ist. Dein Leben voll und ganz zu akzeptieren, heißt, für alles dankbar zu sein und zu wissen, dass das »Gute« ein guter Lehrmeister ist, aber das »Schlechte« ein noch besserer.

Schreibe einer Person, die dich in der Vergangenheit tief verletzt hat, einen Dankesbrief. Ist der Schmerz noch frisch, wird es dir womöglich sehr schwerfallen, etwas Gutes darin zu finden. Hier einige Fragen, die dir helfen können: Was hast du daraus gelernt? Was hättest du ohne diese Erfahrung verpasst? Inwiefern hat es dich zu einer besseren Person gemacht?

12

# DIE SECHS SÄULEN DES SELBSTWERTGEFÜHLS

Laut Nathaniel Branden* wählen Menschen entweder die »Feelgood«-Methode (ich bin schön, ich bin reich, ich bin erfolgreich), die jedoch nicht zur Entwicklung eines echten Selbstwertgefühls verhilft, oder sie entwickeln ein echtes Selbstwertgefühl. Die beiden grundlegenden Elemente, die das Selbstwertgefühl ausmachen, sind laut Branden Selbst-Wirksamkeit, das heißt »ein Gefühl von Urvertrauen angesichts der Herausforderungen des Lebens«, und Selbstachtung, das heißt »ein Gefühl, dass man es wert ist und verdient, glücklich zu sein«. »[Das Selbstwertgefühl] ist kein Gefühl, das von Augenblick zu Augenblick schwankt, sondern eine Neigung, ein Gefühl der Selbst-Wirksamkeit und Selbstachtung zu erfahren. Es ist also etwas, was über einen langen Zeitraum aufgebaut wird und nicht einfach herbeigewünscht werden kann. Es hat seine Wurzeln in der Realität; unverdientes Lob, ob von einem selbst oder von anderen, wird nicht dazu verhelfen.« Hier sind die sechs Praktiken oder »Säulen«, auf denen das Selbstwertgefühl laut Branden aufgebaut werden kann. Sie beweisen, dass es nicht nur eine einzige Entscheidung erfordert, Vertrauen in sich selbst zu haben, sondern viele Entscheidungen, die fortlaufend und mit so viel Engagement wie möglich getroffen werden.

* Branden, Nathaniel. *Die 6 Säulen des Selbstwertgefühls: Erfolgreich und zufrieden durch ein starkes Selbst*, München 2015.

## BEWUSST LEBEN

Bewusst zu leben, heißt, nicht von seinen unbewussten Vorurteilen und Wünschen kontrolliert zu werden. Du hast dein »Schattenselbst«, wie es genannt wird, ans Licht gebracht. Du verstehst, was um dich herum vor sich geht, und du kannst auf der Grundlage dieses Verständnisses fundierte Entscheidungen treffen.

## SICH SELBST ANNEHMEN

Du idealisierst nicht dein Aussehen oder deine Intelligenz und ignorierst auch nicht absichtlich das natürliche Gleichgewicht der Eigenschaften und Charakteristika, die jeder Mensch besitzt. Das ist wahre Selbstakzeptanz. Sie bedeutet, das ganze Selbst zu sehen, ohne Teile davon zu bewerten oder zu verdammen.

## EIGENVERANTWORTLICH LEBEN

Du fühlst dich selbst für dein Glück verantwortlich. Du verstehst die Redewendung »Es mag nicht dein Fehler sein, aber es ist dennoch dein Problem«. Du hast die Kontrolle über dein Leben, weil du nicht zulässt, dass andere Dinge sie übernehmen.

## SICH SELBSTSICHER BEHAUPTEN

Du kannst für dich selbst eintreten, ohne abwehrend zu sein. Abwehr erwächst aus Angst, Selbstbehauptung aus Selbstvertrauen.

## ZIELGERICHTET LEBEN

Du lebst achtsam und bewusst. Du erkennst, dass dein »Ziel« einfach darin besteht, zu sein, wo du bist, und zu tun, was immer du tust. Damit schaffst du ein Gefühl der Zielgerichtetheit, da du dir dein Ziel selbst gewählt hast, statt darauf zu warten, dass du es findest oder dass jemand anderes es für dich entwirft.

## PERSÖNLICHE INTEGRITÄT

Du hältst dich an bestimmte moralische und ethische Standards und übernimmst Verantwortung. Du entwickelst für dich einen Verhaltenskodex, statt dich einfach an den zu halten, auf den du konditioniert wurdest. Du bist fähig, Wahlmöglichkeiten objektiv zu betrachten, selbst wenn die Umstände schwierig sind.

13

# DINGE, DIE DU ÜBER DICH SELBST WISSEN MUSST, BEVOR DU DAS LEBEN HABEN WIRST, DAS DU DIR WÜNSCHST

## WELCHES SOLLEN DEINE TÄGLICHEN AUFGABEN SEIN?

Uns wird geraten, unseren Lebensweg auf der Basis dessen zu suchen, was wir glauben, werden zu wollen. Doch wir können dies nur entscheiden, wenn wir wissen, was hinter einem bestimmten Titel steckt. Wir denken selten über die wichtige tägliche Arbeit nach, die erforderlich ist, um ein friedliches, sinnvolles Dasein führen zu können. Statt zu sagen: »Ich möchte jeden Tag Menschen helfen«, solltest du dich fragen, wie du das tun willst. Es klingt alles blumig und edel, wenn du darüber nachdenkst, worum es in deinem Leben gehen soll, doch du darfst die Realität nicht außer Acht lassen. Wenn du dir genau überlegst, woraus jeder Tag in deinem Leben bestehen soll – aus wie viel Büroarbeit, wie viel Zeit am Computer, wie viel Freizeit –, bist du in der Lage, dir tatsächlich das Leben aufzubauen, das du dir wünschst.

## WELCHE ART VON PERSON MÖCHTEST DU SEIN?

Es geht nicht darum, zu entscheiden, welche Art von Adjektiv du gern deiner Berufsbezeichnung voranstellen würdest, sondern welche Art von Person du bei der Ausübung deines Berufs sein möchtest. Es spielt letztlich keine Rolle, ob du Lehrer, Student, Redakteur oder Bauarbeiter bist. Wichtig ist, welche Art von Person du sein möchtest. Du wirst letzten Endes nicht über das definiert, was du tust, sondern darüber, wie du es tust.

## WAS SOLL DER NACHWELT VON DIR IN ERINNERUNG BLEIBEN?

Was soll bei deiner Beerdigung über dich gesagt werden? Dass du eine kleine Hosengröße und einen erfolgreichen Job hattest, der dich davon abhielt, Beziehungen zu entwickeln? Oder dass du liebevoll und freundlich warst und deinen Job wichtig genommen hast, aber die Menschen noch wichtiger?

## WAS MISSFÄLLT DIR AN ANDEREN MENSCHEN AM MEISTEN?

Was dir an anderen am meisten missfällt, gilt auf die eine oder andere Weise für dich selbst. Finde heraus, was du am dringendsten in dir selbst heilen musst, indem du dir anschaust, was du am meisten bei anderen ändern möchtest. Dies zu tun, wird dich auf eine Weise befreien, wie du es dir nicht hättest vorstellen können. Denn all die Energie, die du aufwendest, um nicht anerkennen zu müssen, was du heilen, ändern oder womit du dich auseinandersetzen solltest, wird im besten Fall vergeudet und hält dich im schlechtesten Fall davon ab, das Leben zu leben, das du dir wünschst.

## WOFÜR LOHNT ES SICH ZU LEIDEN?

Alles ist in gewisser Weise schwer. Es ist schwer, in der falschen Beziehung zu stecken. Es ist schwer, in der richtigen Beziehung zu sein. Es ist schwer, mittellos und unglücklich zu sein. Es ist schwer, seine Träume zu verwirklichen. Es ist schwer, zwischen zwei Stühlen zu sitzen und nichts wirklich zu fühlen. Alles ist schwer, aber du entscheidest, was du ertragen willst. Du entscheidest, was es wert ist. Du entscheidest nicht, ob du leidest oder nicht, aber du entscheidest, wofür du leiden willst.

14

# 5 ANZEICHEN DAFÜR, DASS DU MEHR ÜBER DEIN LEBEN NACHDENKST, ALS ES ZU LEBEN

1. Du hast dir perfekte Resultate, nicht perfektes Handeln zum Ziel gesetzt. Du bist mehr in Ideen verliebt als in die Arbeit und die Prozesse, die nötig sind, um diese Ideen auch Wirklichkeit werden zu lassen.
2. Du bist immer beschäftigt, aber nie wirklich produktiv. Deine Arbeit scheint nie erledigt zu sein, du verlierst Stunden und weißt nicht, wo sie geblieben sind. Du bist immer gestresst, als wärst du ständig mit einer hochintensiven Aufgabe beschäftigt, die nie abgeschlossen wird.
3. Du scheinst dich dem zu widersetzen, was du dir am meisten wünschst. Statt dich wirklich anzustrengen und dich langsam dafür zu öffnen, hast du dir eingeredet, dass du der Sache nicht wert bist, dass der Wunsch sich nicht erfüllen lässt oder dass du das Gewünschte, wenn du es dann tatsächlich hast, auch verlieren könntest.
4. Du stellst dir immer vor, was du tun möchtest, tust es aber nie wirklich. Du hast dir eingeredet, dass das Leben beginnt, sobald alle Voraussetzungen geschaffen sind, doch in Wirklichkeit besteht das Leben genau darin, die Voraussetzungen zu schaffen.
5. Wenn du innehalten und darüber nachdenken würdest, könntest du 10 Dinge nennen, für die du dankbar bist. Deine »Probleme« bestehen nicht so sehr darin, »nicht zu haben«, als vielmehr darin, nicht zu erkennen, was du hast. Dankbarkeit animiert zu mehr Handeln, zu mehr Austausch. Positive Gefühle führen nie dazu, dass du auf der Stelle trittst und zu viel über sie nachdenkst.

Schreibe diese 10 Dinge doch direkt nieder.

15

# WARUM ES WICHTIG IST, AN ETWAS ZU GLAUBEN – AN IRGENDETWAS

Was glaubst du (vielleicht sogar unbewusst), worum es im Leben geht? Ist alles Zufall? Das Werk einer höheren Macht? Es spielt keine Rolle, wer recht oder unrecht hat oder völlig verrückt ist – wir werden es vielleicht nie mit Sicherheit wissen. Es geht darum, einen persönlichen, für dich hilfreichen Glaubenssatz zu entwickeln. Dieser Glaubenssatz ist es, der am meisten über einen Menschen verrät, weil er im Grunde definiert, wie dieser an alles herangeht. Wenn du glaubst, dass du dein Schicksal wählen kannst, wirst du dies tun. Glaubst du es nicht, wirst du in der Opferrolle stecken bleiben, dich selbst bemitleiden, warten und auf Knien flehen, bis sich äußere Umstände ändern, was du dann für das Werk einer höheren Macht hältst. Wenn du so leben willst, hast du jedes Recht dazu. Ich habe allerdings festgestellt, dass die meisten Menschen das nicht wollen. Die meisten Menschen wollen ihre Macht zurückgewinnen und selbst ihre Entscheidungen treffen. Doch diese Befreiung beginnt mit einer Frage: Warum glaubst du, hier zu sein? Was ist der Sinn des Ganzen? Erforsche deine tiefsten Überzeugungen und bestimme dann, wie du diese nach besten Kräften ausleben kannst.

Formuliere einen Glaubenssatz, der deine Einstellung repräsentiert. Das Ziel sollte nicht sein, dies so schnell wie möglich zu erledigen, sondern so wahr wie möglich. Nimm dir also Zeit und verschiebe es wenn nötig auf morgen, übermorgen ...

16

## WORAN SICH EIN GUTES LEBEN MESSEN LÄSST

Ein gutes Leben lässt sich daran messen, wie viel du immer noch verändern willst, das heißt, wie viel besser es deinem Gefühl nach noch sein könnte. Du kannst es an deiner Fähigkeit messen, Unbehagen zu empfinden. An dem Ausmaß, in dem du dich selbst infrage gestellt hast. Daran, wie oft du deine Meinung geändert hast. An der Anzahl von Dogmen, die du angenommen und wieder verworfen hast. Der Familie, die du dir gewählt hast. An der Anzahl der Tassen Kaffee, bei denen du lustige und ernste und schmerzliche und wunderbare Unterhaltungen geführt hast. Der Tiefe deines Mitgefühls. Der Anzahl von langen Spaziergängen, die du allein unternommen, und der Tagebuchseiten, die du mit deinen unzusammenhängenden Gedanken gefüllt hast. Der Entwicklung deiner Art, über dein Dasein zu philosophieren. Der Entwicklung deiner Art, andere Menschen wahrzunehmen. An den Tagen, an denen du vernünftig gearbeitet hast, obwohl dir die Leidenschaft dazu gefehlt hat. Ein gutes Leben ist nicht leidenschaftlich, es ist zielgerichtet. Leidenschaft ist der Funke, der das Feuer entzündet; eine Zielsetzung ist das Kleinholz, das die Flamme die ganze Nacht am Brennen hält. An der Anzahl der Beziehungen, die zu beenden du den Mut hattest. Der einfache Weg ist der, zu bleiben. Die tröstliche Vorstellung ist die, sich häuslich niederzulassen. Die Befreiung besteht darin, nach mehr zu streben, obwohl du dir nicht vorstellen kannst, was das sein könnte. Dieses unnennbare Gefühl ist das Kennzeichen eines guten Lebens. Du kannst ein gutes Leben daran messen, wie oft du das Sonnenlicht, das morgens auf deine Bettdecke fiel, als etwas Ehrfurcht einflößend Göttliches empfunden hast. Daran, wie oft du ein besserer Mensch warst als zuvor. Wie oft du gern in Zukunft ein besserer Mensch wärst. An der Anzahl der Dinge, die du verloren und an die dich nicht mehr zu klammern du gelernt hast. Der Anzahl der Augenblicke, in denen du fast am Ende deiner Belastbarkeit warst, nur um festzustellen, dass es unter der Oberfläche noch viel zu entdecken gab. Ein gutes Leben wird nicht an dem gemessen, was du tust, sondern daran, wer du bist. Nicht daran, wie viele Menschen du geliebt hast, sondern wie sehr. Es hat nichts damit zu tun, wie gut sich die Dinge entwickeln oder wie eng du dich an deinen Plan gehalten hast. Es geht um die magischen Momente, die du erlebst, wenn du vom Weg abkommst. Es geht nicht um das, was nicht funktioniert hat. Es geht darum, was du lernst, wenn etwas nicht funktioniert. Jene Kleinigkeiten, jenes Erwachen und jenes Wissen befähigen dich dazu, das wahrzunehmen, was großartiger ist, als du es dir derzeit vorstellen kannst. Ein gutes Leben kennzeichnet nicht das, was am Ende dabei herauskommt, sondern das, was du auf dem Weg dorthin erlebt hast.

*»Nichts sieht so aus, wie wir denken, dass es aussehen wird.*
*Niemand denkt über sein Leben nach und kommt zu dem Schluss:*
*›Ja, es ist genau so gelaufen, wie ich gedacht habe.‹«*

17

# ERFAHRUNGEN, FÜR DIE WIR IN UNSERER SPRACHE NOCH KEINE WÖRTER HABEN

1. Das vorübergehende herrliche Hochgefühl, das mit deiner Entscheidung einhergeht, dein Leben auf eine ästhetische, einfache Weise zu ändern. (1a.) Die Überzeugung, dass dies alles andere ändern wird.
2. Die Unfähigkeit, die Tatsache zu verstehen, dass wir nicht verstehen können, was wir noch nicht wissen.
3. Das Bedürfnis, eine spirituell-sexuelle Erfahrung mit jemandem zu haben. Sex zu haben, der mehr ist als nur ein mühsamer Wettlauf zum Orgasmus.
4. Das Gefühl von Leichtigkeit im ganzen Körper.
5. Menschen, die Tiefgang haben, ohne negativ zu sein.
6. Die wahllosen, seltsamen, beängstigenden Gedanken, die dir durch den Kopf gehen und dich manchmal wahnsinnig machen, Gedanken, von denen du glaubst, dass nur du sie hast, weil sie allen anderen ebenfalls Angst machen und unangenehm sind.
7. Das Wohlbehagen, das sich einstellt, wenn man hin und wieder zu kleinen sicheren Schlussfolgerungen gelangt.
8. Den echten Frieden, der daraus erwächst, diese Illusionen aufzulösen.
9. Die Tatsache, dass wir nicht nur annehmen, wir würden wissen, was andere denken und fühlen, sondern uns diesem »Wissen« gemäß verhalten; dass wir sie entsprechend diesem Wissen beurteilen und mit dem, was wir von ihnen zu wissen glauben, die Verwirklichung ihres Potenzials auf vielfältige Weise einschränken.
10. Den Abstand zwischen Regentropfen.

Fallen dir noch andere Erfahrungen ein, für die es keine Wörter gibt? Schreibe sie hier auf.

18

# WIE DU UNBEMERKT SELBST ZU DEINEM ÄRGSTEN FEIND WIRST

Lasse dich von der Illusion des Getrenntseins leiten. Glaube daran, dass du immer in Konkurrenz zu deinen Mitmenschen stehst, dass du nur so gut bist, wie du besser bist als jemand anderes. Glaube daran, dass die Art, wie du konditioniert wurdest, die einzig richtige ist. Verbringe dein Leben damit, darauf zu warten, warten, warten, dass jemand anderes bewirkt, dass du Liebe empfindest. Überlasse alles ihm. Verurteile ihn, wenn er deine Erwartungen nicht erfüllt. Glaube daran, dass du allein nicht genug bist und es etwas in dieser Welt gibt, das dich retten wird und kann und sollte. Glaube daran, dass eine Heiratsurkunde Liebe bedeutet, eine Berufsbezeichnung Erfolg, Religion Tugend, Geld Zufriedenheit. Erlaube es dir nicht, irgendetwas anderes zu empfinden als das, was zu empfinden anderen Menschen zufolge in Ordnung ist. Wenn dein Leben von außen betrachtet gut zu sein scheint, dann nimm dir nicht die Freiheit, zu sagen, dass es sich innen nicht gut anfühlt. Handle nur in Übereinstimmung mit dem, was für andere Sinn ergibt. Gerate bei dem Versuch, Kopf und Herz zur Koexistenz zu bewegen, in immer größere mentale Schwierigkeiten. Entscheide, dass es etwas Schlechtes ist, Zuneigung zu empfinden. Und Liebe zu empfinden etwas noch Schlechteres. Gehe davon aus, dass die Grenze zwischen »gut« und »schlecht« zwischen Religionen, Ethnien, Glaubensrichtungen oder Nationen verläuft statt in jedem menschlichen Herzen. Glaube daran, dass du gleichbedeutend mit deinen Gedanken und Gefühlen bist und nicht das Wesen, das diese beobachtet. Nimm die ständigen Unterhaltungen nicht wahr, die du mit dir führst. Erkenne nicht, dass zwei Drittel der Aussagen, die du machst, und der Ideen, die du hast, nicht deine ureigenen sind. Ignoriere, dass sie dir nicht zu Zufriedenheit oder Freundlichkeit oder Hoffnung verhelfen, und akzeptiere sie trotzdem. Sei wählerisch in Bezug auf die Menschen, denen du Menschlichkeit entgegenbringst. Entscheide, wer es wert ist und wer nicht. Sei dein ärgster Feind, damit niemand sonst es sein kann. Nimm das Schlechteste an, damit niemand dich damit überraschen kann. Nenne es: realistisch sein. Akzeptiere das Leben, das du nach Ansicht anderer verdienst. Glaube nicht, dass ein Wandel wirklich stattfindet. Glaube nicht an irgendetwas anderes als das, was du unmittelbar spüren und sehen kannst. Ersticke jede sich bietende Chance im Keim. Lasse deine vergangenen Erfahrungen das Maß deines Selbsthasses bestimmen. Schreibe deine Vergangenheit in der Gegenwart neu. Lasse zu, dass andere Menschen deine guten Seiten schlechtmachen. Nenne es: stark sein. Lasse dich nieder, weil du Angst hast, dich zu entscheiden. Nenne es: klug sein. Kämpfe gegen andere an, damit du dich nicht mit dir selbst beschäftigen musst. Erkenne nicht, dass du Stück für Stück das Leben geschaffen hast, das du nie wirklich wolltest, mit dem, was du nicht wirklich gewählt hast.

19

# MENSCHEN ÜBER DIE BEFREIENDSTE ERKENNTNIS, DIE SIE JE HATTEN

1. »Nicht mein Leben definiert mich, sondern ich definiere mein Leben. Dieser Moment ist nicht mein Leben, sondern nur ein kleiner Teil davon.«
2. »Nichts ist von Dauer, nicht einmal die schlimmsten Gefühle.«
3. »Das, worauf du dich konzentrierst, nimmt immer mehr Raum ein.«
4. »Was ich durchgemacht habe, hat mich zu dem gemacht, was ich bin; was ich jetzt durchmache, wird mich zu dem machen, was ich sein werde. Die Person entsteht aus dem, worauf ich jetzt meine Energie verwende. Ich entscheide. Nicht meine Umstände.«
5. »Man lehrt andere, wie sie einen behandeln sollen. Man bekommt im Leben das, was man sich zu erbitten traut.«
6. »Das Einzige, was ich in meinem ganzen Leben bedaure, ist, dass ich es nicht mehr genossen habe.«
7. »Die Dinge, die mir zugedacht sind, werden einfach zu mir kommen. Ich bin lediglich dafür verantwortlich, dass ich mich darauf einstelle.«
8. »Wir nehmen unser Leben viel zu ernst … in ein paar Hundert Jahren werden die meisten Menschen ganz in Vergessenheit geraten sein. Das ist nicht deprimierend, sondern befreiend. Tu, was du kannst, und mach's verdammt gut. Schenke Liebe und handle so, wie du es wirklich willst. Am Ende ist es sowieso egal, deshalb sorge dafür, dass dein Handeln jetzt zählt.«

## ÜBERLEGE:

Was ist deine befreiendste Erkenntnis? Schreibe sie hier nieder.

20

# ES GIBT EINE STIMME, DIE SICH KEINER WORTE BEDIENT – UND SO KANNST DU IHR ZUHÖREN

Das, was du vernehmen wirst, wenn du dieser Stimme zuhörst, wird selten einen Sinn ergeben. Die Stimme wird keine Worte verwenden. Sie wird keine Logik nutzen. Sie wird nicht in den ordentlichen Entwicklungsplan der Story passen, die du dir vorgestellt hast. Sie wird kaum zu bemerken sein und zu dir sprechen, ohne dass du es je wissen wirst. Die Gefühle, die deine innere Stimme bei dir auslöst, werden sich nicht rechtfertigen lassen. Du wirst keine Gründe für sie haben. Du wirst wissen, dass du jemanden nicht deswegen liebst, weil er attraktiv und klug und interessant ist, sondern einfach, weil du es tust. Du wirst nicht irgendwo wohnen oder etwas tun wollen, weil es »cool« ist oder weil jeder sagt, dass du es tun solltest, sondern einfach, weil du es willst. Das, was sich nicht rechtfertigen lässt, was unlogisch ist, was sich einfach nicht erklären lässt – ihm wohnt Magie inne. Die »richtigen« Dinge sind einfach nur. Die Illusionen und Ängste und das, was wir erzwingen, müssen wir rechtfertigen. Aus ihnen müssen wir schlau werden. Wenn du eine Entscheidung triffst, mit der du nur zufrieden sein kannst, wenn du sie mit einer Liste von »weils« untermauerst, hörst du nicht wirklich auf das, was du willst. Das größte Geheimnis (und die wichtigste Tatsache) überhaupt ist wahrscheinlich Folgendes: Wenn deine kleine innere Stimme dir sagen würde, dass du kein Interesse hast oder dich auf dem »falschen Weg« befindest, würdest du sie nicht hören … Du würdest sie einfach ignorieren. Denk an die Menschen, an denen du kein romantisches Interesse hast. Die Laufbahnen, zu denen du dich nicht berufen fühlst. Sitzt du da und lässt dich darüber aus, ob sie richtig für dich sind oder nicht? Nein, natürlich nicht. Du nimmst sie einfach nicht zur Kenntnis. (Das Gegenteil von Liebe ist Desinteresse, oder?) Es gibt keinen Unterschied zwischen dem, was dir Schmerzen bereitet, und dem, was dich erfreut – beides ist dazu da, dich etwas zu lehren. Du hast es in dein Leben gelassen, weil du etwas von ihm lernen möchtest. Illusionen müssen gerechtfertigt werden. Halbwahrheiten müssen verstanden werden. Die echten Dinge, die besten Dinge, die »richtigsten« Dinge sind einfach nur. Wenn sie in deinem Leben sind, kannst du etwas von ihnen lernen. Du machst dich wieder mit der Stimme vertraut, die keine Worte verwendet, wenn du damit aufhörst, Illusionen zu rechtfertigen. Denn dieses Rechtfertigen war letztlich der Grund, weshalb du dich für den falschen Weg entschieden hast.

21

# MAN BRAUCHT SICH NICHT SELBST »GANZ UND GAR« ZU LIEBEN, UM DER LIEBE ANDERER WÜRDIG ZU SEIN

Wenn es heißt, man müsse sich selbst lieben, bevor man jemand anderen lieben kann, dann ist damit gemeint, dass man sich immer wieder für die falsche Person entscheidet und nie wirklich die Art von Verbindung haben wird, die man sich wünscht, solange man unbewusst nach einer Beziehung sucht, um sein Leben in Ordnung zu bringen, sich eine Richtung zu geben oder sich besser zu fühlen. Darin kommt jedoch unglücklicherweise oft zum Ausdruck, dass man warten muss, bis man sich selbst und jeden Aspekt seines Lebens liebt, bevor man würdig ist, den richtigen Menschen zu finden und sich zu binden. Klingt so, als wäre man ganz allein daran schuld, wenn man nicht geliebt wird. Weil man noch nicht gut genug ist, weil man noch nicht genug gelernt hat, weil man noch nicht genug getan hat, um sich die Liebe zu verdienen. Klingt so, als sollte man sich erst dann auf die Liebe einlassen, wenn man sich dafür bereit fühlt, und sich ausschließlich autonom entwickeln und als könnte man, wenn man erst einmal in einer Beziehung ist, damit aufhören. Doch auf die Liebe deines Lebens wirst du nicht vorbereitet sein. Das ist niemand. Und wenn du dir eine Beziehung vorenthältst, weil du denkst, dass du vorher noch mehr Arbeit leisten musst, dann entgeht dir in Wirklichkeit das effektivste Wachstumswerkzeug überhaupt. Die Liebe ist eine große Lupe: Sie zeigt einem, was man an sich selbst und seinem Leben liebt und was nicht. Die richtige Beziehung ermutigt einen, sich mit diesen Dingen auseinanderzusetzen und daran zu arbeiten. Die richtige Beziehung hilft einem, sich selbst lieben zu lernen. Sie ist dazu bestimmt, alles zu verändern, und das tut sie auch. Lerne also zwischenzeitlich, dich zu entfalten. Nutze die Tage, die dir alleine zur Verfügung stehen, um ganz du selbst zu sein und das zu tun, was du nur in deinem eigenen Tempo und allein tun kannst. Doch verwechsle das nicht mit der Vorstellung, dass du nicht geliebt werden kannst, bevor du nicht voll und ganz zu lieben in der Lage bist, dass andere Menschen nur so freundlich sein müssen, wie du es zu dir selbst bist, dass du auf die Liebe vorbereitet sein wirst, wenn sie sich einstellt. Ja, stimmt schon: Die Art und Weise, wie du dich selbst behandelst, beeinflusst und bestimmt, wie andere Menschen dich behandeln. Aber die Aufgabe, ein ganzer, reifer, vollständiger, geliebter und liebender Mensch zu sein, beschränkt sich nicht auf die Fähigkeit, in Isolation und Einsamkeit zu gedeihen, sondern darauf, wie du für dich selbst einstehst, Respekt einforderst, dich für die Liebe entscheidest und lernst, in Bewegung zu bleiben und dich auch dann noch weiterzuentwickeln, wenn die Person, nach der du immer gesucht hast, endlich an deiner Seite ist. Sich selbst zu lieben, bedeutet, sich auch lieben zu lassen.

22

# 6 IMPULSE FÜR DEN FALL, DASS ES DIR SO VORKOMMT, ALS WÜSSTEST DU MIT DEINEM LEBEN NICHTS ANZUFANGEN

1. Niemand weiß, was er »mit seinem Leben eigentlich anstellt«. Einige wissen vielleicht genauer, worauf sie hinarbeiten, aber letztendlich kann keiner genau vorhersagen oder auf den Punkt bringen, worum es in unserer Existenz geht. Noch nicht.
2. Du bist deinem jüngeren Ich nichts schuldig. Du bist nicht dafür verantwortlich, die Person zu sein, die du damals zu werden hofftest.
3. Dem Erwachsenen, der du heute bist, schuldest du dagegen alles. Du bist es dir schuldig, dich zu fragen, was du magst, was du willst, wozu du berufen bist, was du brauchst und was du verdienst.
4. Weißt du, warum du nicht das hast, was du früher einmal zu wollen glaubtest? Weil du es nicht mehr willst. Nicht dringend genug jedenfalls.
5. Du musst nichts erreichen, um ein wertvolles menschliches Wesen zu sein. Es ist eigentlich nur sehr wenigen Menschen bestimmt, »besonders« zu sein. Das heißt aber noch lange nicht, dass du nicht ebenso Zufriedenheit, Liebe, Freude und all die wahren Wunder des Lebens genießen kannst.
6. Höre auf zu fragen: »Was mache ich aus meinem Leben?« Frage dich stattdessen: »Was mache ich aus dem heutigen Tag?«

## ALSO:

Was machst du aus dem heutigen Tag? Schreibe nieder, was deine Ziele und Wünsche für heute sind. Wenn du Freude daran hattest, mache es morgen auch. Vielleicht wird es zu einem täglichen Ritual.

23

# DAS LEBEN IST EIN GESCHICHTENBAND, KEIN ROMAN

Die Person, die du einmal warst, muss nicht auf die abfärben, die du einmal sein wirst. Oftmals behindern wir uns selbst, indem wir unsere Vergangenheit mit dem verknüpfen, was wir glauben, werden zu müssen. Wir können keine Zukunftspläne schmieden, ohne zu überlegen, was für die Person sinnvoll wäre, die wir einmal waren. Das erkannte ich, als ich bei mir selbst und bei Menschen im Allgemeinen drei Gewohnheiten beobachtete und miteinander in Verbindung brachte. Erstens: Wir schaffen Probleme, wo keine sind. Als ob wir etwas überwinden müssten, damit unser Leben einen Sinn hat. Wir müssen uns bewusst für das Glück entscheiden, weil wir sonst die Realität erschaffen würden, von der wir unbewusst annehmen, dass wir sie verdienen. Nicht, weil wir davon ausgehen, wir verdienten das wirklich, sondern weil wir irgendwann von anderen Menschen (und unseren eigenen Ansichten) zu der Auffassung gebracht wurden, wir seien nur so gut, wie uns andere bewerten. Zweitens: Wir vermeiden allzu vollkommene Dinge. Falls sie doch perfekt sind, zerstören wir sie, entweder im Kopf oder auf andere Weise. Drittens: In Gedanken formulieren wir Zusammenfassungen. Bei jeder Entscheidung überlegen wir uns, wie sie sich wohl anhören wird. »Diese Stelle trat sie mit 20 gleich nach ihrem Abschluss an ...« oder so ähnlich. Als ob unsere Entscheidungen nur dann akzeptabel wären, wenn sie sich richtig anhören und wenn sie auch noch Jahre später gut klingen. Aber die Zusammenfassungen, auf die wir so viel Zeit verwenden, beziehen sich auf Persönlichkeiten, die wir längst nicht mehr sind. Nicht immer kann man eine Grenze ziehen zwischen dem, was war, was ist und was in Zukunft sein soll.

Man kann das Nebeneinanderbestehen verschiedener Wahrheiten nicht immer nachvollziehen, nur darauf vertrauen, dass beide ihre Berechtigung haben. Und du darfst dem Guten nicht aus dem Weg gehen, nur weil das Persönlichkeitsbild, das du für dich selbst entworfen hast, nicht glaubt, dass es verdient, was du hast. Wenn wir ausweichen – wenn wir flüchten –, deckeln wir unser Glück. Die Geschichte deines Lebens ist nicht dazu bestimmt, auf nostalgische Art und Weise abzulaufen. Das Leben ist keine sepiafarbene Rückblende. Das Leben ist bunt und abwechslungsreich und real und unvorhersehbar. Unberechenbar. Es hat keine andere Handlung als die, die wir im Hier und Jetzt leben. Wir sind uns gar nicht bewusst, wie oft wir bei der Wahl unserer gegenwärtigen Erfahrungen auf alte Überzeugungen über uns selbst zurückgreifen, die wir unbewusst noch immer haben. Denn was wir von uns selbst denken, überträgt sich auf das, was wir von uns zulassen. Was wir zulassen, erleben wir, und was wir erleben, macht unser Leben als Ganzes aus. Ein Ganzes, das ein Buch voller Geschichten ist, die nicht nahtlos ineinander überzugehen brauchen. Die nicht auf dieselbe Weise erzählt werden müssen. Die so kurz oder lang oder zeitversetzt oder verwirrend oder spannend sein können, wie du willst. Es geht darum, dass *du* kontrollierst, wie es weitergeht – allerdings muss die wiederkehrende innere Erzählung, die kleine Stimme, die dir die Geschichte deines Lebens erzählt, die alten Kapitel loslassen, damit die neuen auch tatsächlich geschrieben werden können.

24

# KLEINE GESTEN, DIE JEDE BEZIEHUNG STÄRKEN

## VERBRINGE EINEN SONNTAG MIT DEM ANDEREN

Keinen Samstagabend, an dem alles hektisch und laut ist und das gesellschaftliche Leben reibungslos läuft. Verbringe einen Sonntagmorgen mit dieser Person, müde und verkatert und ohne Pläne für den Tag. Frühstückt gemeinsam. Frisiere dich nicht. Erlebt einander, ohne dass einer die Gastgeberrolle einnehmen muss.

## RUFE DIE PERSON AN, WENN ES DIR NICHT GUT GEHT

Nimm sie beim Wort, dass sie jederzeit für dich da sein wird. Sage ihr die Wahrheit. Lasse dich trösten. Sage dem anderen, dass du für ihn da bist, wenn er es braucht. Und halte Wort.

## SCHAFFE DEINEM GEGENÜBER RAUM

Höre dir bis zu Ende an, was der andere zu sagen hat. Ohne seine Antwort vorwegzunehmen, ohne aufs Smartphone zu gucken, ohne den Blick abzuwenden. Schenke der Person deine gesamte Energie. Es gibt nichts Wertvolleres, Heiligeres und Selteneres.

## SPRECHT ÜBER IDEEN

Woran ihr glaubt. Über eure Theorien über das Leben oder darüber, was das Schicksal in den nächsten fünf Jahren für euch bereithalten könnte. Redet nicht nur über Leute und Ereignisse und belanglose Alltagszipperlein.

## LEST DIE LIEBLINGSBÜCHER DES ANDEREN

Tauscht die persönlichen Exemplare aus – diejenigen, die mit Markierungen versehen und schon ganz zerfleddert sind, weil sie so oft durchgeblättert wurden. Teile mit dem anderen etwas, das dein Herz geöffnet und deinen Verstand beflügelt hat.

## SCHAFFT GEMEINSAM ETWAS

Gründet ein kleines Unternehmen oder arbeitet an einer Geschichte oder malt zum Spaß Bilder. Unternehmt eine Dienstreise oder baut einen Couchtisch oder renoviert gemeinsam die Küche. Macht etwas, bei dem ihr euch für eine größere Sache zusammentut.

## ACHTE AUF KLEINIGKEITEN

Achte darauf, was die Person oft am meisten stört, welche Eissorte sie am liebsten isst. Merke dir, wie sie ihren Kaffee am liebsten trinkt oder was sie bei ihrem Lieblingsimbiss immer bestellt, damit du sie damit überraschen kannst. Nicht jeder ist von Natur aus detailorientiert, also achte ganz bewusst darauf. Das wird mehr geschätzt, als du ahnst.

## GEHE IMMER HIN

Zu Babypartys, Kunstausstellungen, Abschlussfeiern und Umzügen. Nicht, weil »gute Freunde/Freundinnen« das tun, sondern weil man das tut, wenn einem das Glück des anderen genauso am Herzen liegt wie das eigene.

## *FROHE WEIHNACHTEN!*

# PLATZ FÜR WEITERE GEDANKEN

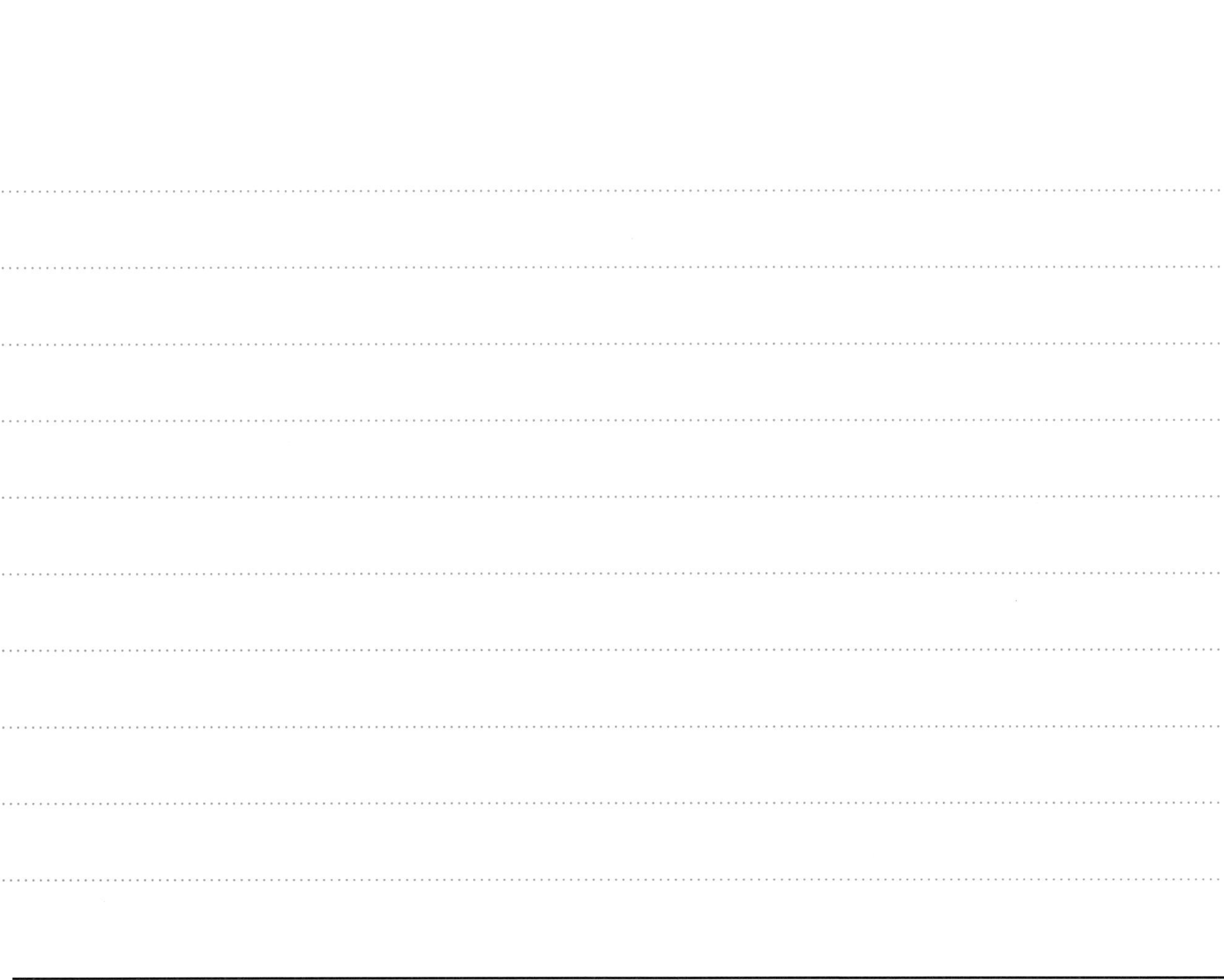

**Bibliografische Information der Deutschen Nationalbibliothek**
Die Deutsche Nationalbibliothek verzeichnet diese Publikation in der Deutschen Nationalbibliografie. Detaillierte bibliografische Daten sind im Internet über https://dnb.de abrufbar.

**Für Fragen und Anregungen**
info@m-vg.de

**Wichtiger Hinweis**
Ausschließlich zum Zweck der besseren Lesbarkeit wurde auf eine genderspezifische Schreibweise sowie eine Mehrfachbezeichnung verzichtet. Alle personenbezogenen Bezeichnungen sind somit geschlechtsneutral zu verstehen.

Die Originalausgabe erschien 2018 unter dem Titel *101 Essays That Will Change The Way You Think* bei Thought Catalog Books, a division of The Thought & Expression Co., Williamsburg, Brooklyn.


Originalausgabe
3. Auflage 2023

Türkenstraße 89 | 80799 München
Tel.: 089 651285-0 | Fax: 089 652096



Umschlaggestaltung und Layout: Isabella Dorsch
Umschlagabbildung: Shutterstock.com/Kashtal
Satz: Carsten Klein, Torgau
Druck: Livonia Print, Riga
Printed in Latvia

ISBN Print 978-3-7423-2450-4

Weitere Informationen zum Verlag finden Sie unter
**www.rivaverlag.de**
Beachten Sie auch unsere weiteren Verlage unter www.m-vg.de